내 안전습관이 어때서!

글 김은정 | 그림 손명자

파란정원

● 작가의 말 ●

　선생님이 어렸을 적에는 지금처럼 아파트가 많지 않았어요. 집과 집들이 서로 이어져 있어서 그 골목골목 사이를 누비며 신 나게 놀았지요. 대문 밖에는 항상 동네 친구들이 놀고 있었고, 언제든 혼자 대문을 열고 나갔던 기억이 남아 있어요. 한 동네 사는 아이들은 대부분 아는 친구들이었던 시절, 그런 때가 있었어요.

　요즘은 우뚝우뚝 높게 솟은 아파트들이 즐비해져 동네에서 골목길은 눈 씻고 찾으려 해도 점점 찾기 어려워졌어요. 놀이터에서 만나자는 약속을 하고 나가야 친구들을 만나 놀 수 있어요. 내가 다니던 국민학교와 지금 초등학교 차이만큼 아이들의 노는 모습도 달라진 걸 거예요.

　어른인 나도 이제 동네를 걷다 보면 아는 사람보다는 모르는 사람이 더 많아요. 어느 날은 아는 얼굴을 단 한 번도 마주치지 않기도 해요. 날이 어둑어둑하고 한적한 외길에서 낯선 사람이라도 마주치면 가슴이 털썩 내려앉기도 하지요.

어른이 되고, 엄마가 되어서야 어릴 적 엄마의 잔소리를 이해할 수 있게 되었어요. 다른 습관과 달리 안전은 단 한 번으로도 큰 사고와 연결될 수 있기 때문이라는 걸요. 그래서 우리 친구들 부모님도 끝없는 잔소리를 하고 계신 걸 거예요.

"혼자 다니지 말고, 큰길로 다녀라."

"낯선 사람은 절대 따라가지 마라." 등등.

우리 친구들이 스스로 안전지킴이가 되어 보는 건 어떨까요? 나 자신도 지키고, 내 친구도 지키는 멋진 안전지킴이가 돼보는 거예요. 자, 어떻게 해야 할지 지금부터 살펴볼까요!

안전지킴이 김은정

● 차 례 ●

1장　언제라도 조심해야 해!

01　단둘이 타도 될까? ····· 16
02　있어도 없는 척하라고? ····· 26
03　안전거리를 유지해! ····· 36
04　따라가도 될까? ····· 46
05　엄마, 어디 계세요? ····· 60

2장 내 몸은 소중해!

- **01** 똑똑히 감정을 말하라고? ········· 72
- **02** 누구라도 단둘인 안 돼! ··········· 82
- **03** 봤어? 바바리맨! ·················· 92
- **04** 내가 본 게 아니에요! ············· 100
- **05** 나쁜 약속은 지킬 필요 없어! ····· 112

안전습관이 왜 중요해요?

대문만 열고 나가면 무서운 세상이라고 말을 해요. 조심해야 할 게 너무 많기 때문이지요. 부모님이 아무리 잔소리를 해도 친구들이 안전습관을 몸에 착 달라붙게 입고 있지 않으면, 실제 상황에 빠졌을 때 당황해서 제대로 대처하지 못하기 때문이에요. 평소에 부모님과 미리미리 예방 훈련을 통해 안전습관이 몸에 배도록 노력해야 해요.

낯선 사람 VS 아는 사람

낯선 사람과 아는 사람이라고 말하지만, 사실은 부모님이 지정해준 사람과 그 외 사람이라고 말하는 게 정확할 거예요. 아무리 아는 사람이라고 해도 부모님이 지정해주지 않은 사람은 낯선 사람이라는 걸 잊지 말아야 해요.

내 감정을 상대에게 정확하게 말해요

상대방이 어른이어서, 부모님과 친한 사람이어서, 아는 형이나 오빠라서 자신의 싫은 감정을 제대로 말하지 못하는 경우가 있어요. 세상에서 가장 소중한 것은 바로 '나' 자신이에요. 그러니 어떤 상황에서든 자신의 싫고, 좋은 감정을 상대가 알 수 있도록 정확하게 표현해야 해요.

나쁜 비밀은 지키지 않아도 돼요

비밀이란 다른 사람에게는 절대 말하지 않고 우리만 알고 있자는 약속이에요. 하지만 나쁜 행동을 한 사람이 자신에게 해가 되는 것을 막기 위해 친구들을 협박하며 다른 사람에게 말하지 말라고 하는 것은 나를 위험에 빠뜨릴 수 있으므로 꼭 도움을 받을 수 있는 어른에게 이야기해야 해요.

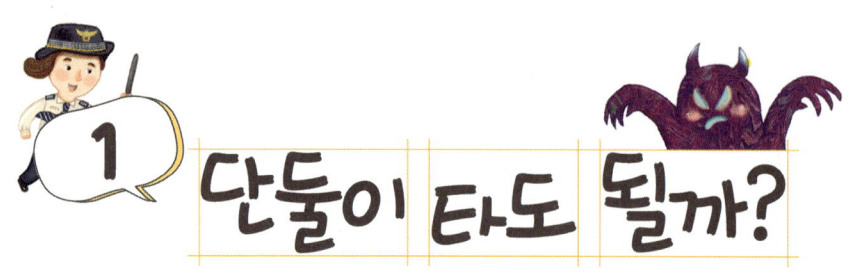

1 단둘이 타도 될까?

"지수야, 오늘 엄마 외출할 일이 있어서, 지수 혼자 집에 있어야 할 것 같은데, 어쩌지?"

"아이, 엄마는 내가 어린애인 줄 아나 봐. 나도 벌써 초등학교 3학년이라고."

"아유, 그러셔? 우리 딸이 벌써 어른이셔?"

"그러~엄. 걱정하지 말고 다녀오세요."

큰소리 땅땅 쳤던 아침과는 달리 수업이 끝날 시간이 다가올수록 지수의 마음은 불안해졌어요. 막상 학교가 끝나고 엄마가 없는 집으로 가려니 기분까지 영 이상했지요.

'에잇, 뭐야. 엄마는 왜 이렇게 오래 외출을 하는 거야.'

학교에서 집까지는 10분밖에 걸리지 않아 평소 같으면 벌써 달려서 집 앞까지 갔을 거예요. 하지만 오늘은 너무 멀게만 느껴져요.

지수는 겨우 집 엘리베이터 앞에 도착했어요. 엘리베이터는 16층에 서 있었어요. 올라가는 버튼을 누르고는 발끝으로 툭툭 벽을 차

면서 지수는 중얼거렸어요.

"뭐야. 내려오는 데 한참 걸리겠다."

그때였어요. 뒤에서 어떤 아저씨가 말을 걸었어요.

"학생, 몇 학년이야?"

갑작스럽게 묻는 낯선 아저씨의 목소리에 지수는 깜짝 놀라 뒤를 돌아봤어요. 아저씨는 모자를 푹 눌러 쓰고, 잔뜩 인상을 찌푸리고 있었어요. 그냥 보기에도 무서웠어요.

"네? 3학년이요."

"그래? 그럼 2학년도 끝났겠네."

"잘 모르겠는데요."

얼른 대답하고는 다시 엘리베이터 앞으로 돌아섰어요. 처음 보는 아저씨가 말을 걸자 지수는 가슴이 뛰기 시작했어요. 지수는 엘리베이터가 내려오기를 초조하게 기다렸어요. 시간이 지날수록 지수의 마음은 복잡해졌어요.

'탈까? 말까? 아저씨랑 둘이 타야 하나? 어떻게 하지? 10층까지 걸어 올라가기는 너무 힘든데…….'

지수가 고민하는 사이 엘리베이터가 1층에 도착했어요.

지수는 엘리베이터를 타서는 버튼 앞에 바짝 붙어 섰어요. 지수가 10층을 누르자, 아저씨는 8층을 눌렀어요. 엘리베이터 문이 스르륵 닫히기 시작했어요. 지수의 가슴이 쿵쾅쿵쾅 뛰기 시작했어요. 그때였어요.

"잠깐만요, 같이 가요."

엘리베이터 문이 다시 스르르 열리더니 7층에 사시는 아줌마가 타셨어요.

"아유, 고마워요."

지수는 아줌마를 보자 갑자기 안심이 되었어요. 7층에서 아줌마가 내리자, 금세 8층에서 문이 열리고 아저씨가 내렸어요. 문틈으로 얼핏 아저씨가 801호 안으로 들어가는 뒷모습이 보였어요.

'아, 우리 아파트에 사시는 아저씨였구나. 내가 너무 아저씨를 무섭게 생각했나?'

그제야 지수는 겨우 안심이 되었어요. 하지만 언제나 조심해야 한다는 엄마의 말이 떠올라 자신을 조금 칭찬해 주었어요.

학년이 올라가면 아침에 등교를 혼자 하는 것은 물론이고, 수업이 끝난 후 집으로 돌아오거나 학원으로 혼자 이동하는 시간이 많아지게 돼요.

또, 친구를 만나거나 준비물을 사러 혼자 다니는 일도 많아지지요.

하지만 이런 익숙하고 매일 반복되는 등하굣길이 우리 친구들에게는 아주 위험할 수 있어요. 누군가가 나를 따라와 위협하거나 힘을 사용해 외진 곳으로 데려갈 수도 있고, 낯선 사람과 단둘이 엘리베이터를 타야 하는 상황이 있을 수도 있지요. 그래서 매일 다니는 곳이라도 주위를 살피고 경계해야 해요.

만약 위급한 일이 닥쳤을 때는 아동안전지킴이집이 아니더라도 가장 가까운 슈퍼나 문방구에 들어가서 도움을 청하면 안전하게 어른들의 도움을 받을 수 있답니다.

조심조심 법칙

혼자서 엘리베이터 타기

❶ 주변에 수상한 사람이 있는지 살핀다.

❷ 낯선 사람과 단둘이 엘리베이터를 타야 하는 상황이라면 엘리베이터를 타지 말고 그 자리를 피한다.

❸ 엘리베이터를 타면 **숫자 버튼 앞에 서서** 엘리베이터 안을 한눈에 볼 수 있게 선다.
   why 위험한 상황에 비상 버튼을 바로 누를 수 있다.

❹ 낯선 사람과 단둘이 탔을 경우, 이상한 생각이 들면 집까지 가지 말고 가까운 층을 눌러 내린다.

❺ 위험한 상황이 오면 바로 비상 버튼을 눌러 도움을 요청한다.
   Tip 부모님과 함께 비상 버튼 작동법을 평소에 익혀둔다.

❻ 엘리베이터에서 내려 집으로 들어갈 때는 문을 열기 전 주위에 수상한 사람이 없는지 확인한다.

❼ 문을 열고 집 안으로 들어갈 때는 "다녀왔습니다!"라고 크게 인사해 누군가 집안에 있는 것처럼 행동한다.

미리 미리 예방 훈련

엘리베이터를 타려고 기다리는데 모자를 푹 눌러쓰고 마스크를 한 아저씨가 다가왔어요. 나는 어떻게 할까요?

❶ 엘리베이터를 타러 왔나 보다 하고 그냥 같이 탄다.

❷ 엘리베이터 문이 열리면 얼른 먼저 올라타서 구석 자리에 조용히 선다.

❸ 잠시 자리를 피했다가 다음 엘리베이터를 탄다.

❹ 계단으로 뛰어 올라간다.

TIP 수상하다는 생각이 든다면
엘리베이터를 같이 타지 않는 게 가장 좋은 방법이에요. 하지만 같이 타야 한다면 먼저 타서 숫자판 앞쪽에 엘리베이터 내부가 전부 보이도록 서 있어야 해요. 평소 비상벨의 위치를 확인해두었다가 위급할 때 사용해요.

정답 ❸

조심조심 법칙

어린이 엘리베이터 안전규칙

❶ 엘리베이터 출입문에 기대거나 밀치면 문이 열려 추락할 수 있으므로, 절대 출입문 앞에서는 장난하지 않는다.

❷ 호출버튼, 비상정지버튼 등을 장난으로 조작하지 않는다.

❸ 운행 중인 엘리베이터 내에서 뛰거나 심한 장난은 엘리베이터 정지 사고로 이어질 수 있다.

❹ 엘리베이터 문턱 틈에 이물질 등을 버리면 출입문의 고장 원인이 된다.

❺ 엘리베이터에 급히 뛰어들거나 출입문 사이에 멈춰서는 장난을 하다 출입문이 닫히며 큰 사고로 이어질 수 있다.

❻ 어린 동생과 탈 때는 동생 손이 출입문 틈에 끼일 수 있으므로 동생의 손을 잡고 이동한다.

미리미리 예방 훈련

엘리베이터를 타고 이동 중 갑자기 불이 꺼지며 엘리베이터가 멈춰 섰다면, 나는 어떤 행동을 하지 말아야 할까요?

❶ 구조 요청 후 구석에서 손잡이를 잡고 쪼그리고 앉아 상황을 조용히 지켜본다.
❷ 마음을 진정시키고, 비상벨을 눌러 구조 요청을 한다.
❸ 엘리베이터 문을 두드리며 "살려주세요!" 소리친다.
❹ 비상벨이 연결되지 않을 때는 119에 신고한다.
❺ 침착하게 119가 올 때까지 차분히 기다린다.

TIP 자신의 위치를 정확히 모른다면
만약 비상벨이 연결되지 않을 때는, 당황하지 말고 119에 신고해요. 자신의 위치를 정확히 모를 때는 비상벨 위에 적힌 7자리 고유번호를 알려주면, 1~2분 안에 어느 지역, 어느 건물인지 위치 추적이 가능하답니다.

정답 ❸

2 있어도 없는 척하라고?

친구들과 축구를 한바탕 뛰고 온 터라 배가 많이 고픈 정우는 현관문을 열기가 무섭게 신발만 벗어 던지고 부엌으로 달렸어요. 냉장고 문에는 엄마가 적어 놓은 쪽지가 보였어요.

냉장고에 샌드위치 있어. 맛있게 먹고 숙제해.
엄마, 6시까지 올게.

냉장고를 여니 정우가 제일 좋아하는 샌드위치가 있었어요.
"역시 엄마가 만든 간식이 제일 맛있다니까."
정우는 정신없이 샌드위치와 우유를 단숨에 먹어버렸어요.
"음, 잔소리하는 엄마가 없으니 좋은데. 게임이나 할까?"
'삐거덕 쾅~'
정우는 깜짝 놀랐어요. 열려 있던 현관문이 바람에 쾅 소리를 내며 닫혔던 거예요.
"깜짝이야. 문도 안 닫고 있을 뻔했네."

정우는 현관문을 확인하고 컴퓨터 게임을 시작했어요. 한참을 게임에 빠져 있는데, 전화벨이 울렸어요.

"네, 여보세요?"

"어른 없니?"

"네?"

"어른 안 계시느냐고?"

"네, 안 계시는데요. 아저씨는 누구세요?"

"네 아빠 친구란다. 오늘 저녁에 가려고 하는데 집이 어디인지 모르겠구나. 설명 좀 해줄래?"

"아, 네. 우리 집은요……."

말하려는데 갑자기 엄마 목소리가 머릿속을 울렸어요.

'정우야, 혼자 있을 때 전화가 와서 집 주소를 물어보거나 엄마 아빠 전화번호를 물어보면 가르쳐주면 안 돼! 알았지?'

"저, 좀 이따 엄마께 전화 드리라고 할게요. 누구시라고 전해드려요?"

그러자 전화가 뚝 하고 끊겼어요.

"뭐야. 왜 전화를 끊고 그래. 누군지 말을 해야지, 진짜 이상한 사람이야."

퉁퉁거리며 전화를 끊은 정우는 기분이 나빴어요.

사실 우리 친구들처럼 어린 아이는 집에 혼자 있는 일이 없는 게 가장 좋아요. 아직 대처능력이 떨어지기 때문에 혹시라도 나쁜 일이 일어날 수 있기 때문이지요.

하지만 꼭 혼자 집에 있어야 한다면 안전하게 시간을 보낼 수 있도록 평소에 습관을 들이는 것이 중요해요.

혼자 집에 있을 때는 그 시간 동안 할 수 있는 과제나 놀이를 미리 정하여 집중하면 시간을 보내는 데 도움이 돼요.

특히 혼자 있을 때 누군가 찾아오면 반응하지 말고 집에 아무도 없는 것처럼 보이도록 해요. 전화 역시 벨이 울리더라도 알고 있는 전화번호가 아니라면 받지 않는 것이 좋아요.

혹시라도 전화를 받았다면 혼자 있다고 말하지 말고, 상대방의 연락처를 받아두어 부모님께서 나중에 연락하는 것이 가장 안전한 방법이랍니다.

혼자 집 보기

☐ **집에 혼자 있다는 사실을 주변에 알리지 않는다**

길에서 친구에게 한 이야기를 듣고 나쁜 사람이 따라올 수 있으므로, 되도록 혼자 있다는 사실을 알리지 않는다.

☐ **집에 들어올 때는 언제나 인사한다**

집안에 어른이 안 계시더라도 항상 "다녀왔습니다." 하고 인사하며 들어오는 습관을 들이면, 집안에 어른이 계시다고 생각해 나쁜 일을 사전에 막을 수 있다.

☐ **문을 꼭 잠근다**

집에 들어오면 출입문뿐 아니라 창문이나 밖으로 통하는 문들이 잘 잠겼는지 확인한다.

☐ **커튼이나 블라인드를 닫는다**

혼자 있는 실내가 밖에서 보이지 않도록 커튼이나 블라인드를 닫아 막는다.

전화벨이 울릴 때

① 부모님의 전화가 아니면 받지 않는다.

② 누군지 모르고 받았을 때는 긴 이야기를 피하고, 다음과 같이 말하고 끊는다.

　❶ 잠시 후에 다시 걸어 주세요.

　❷ 이따 엄마께 전화 드리라고 할게요.

③ 집에 혼자 있다는 사실을 알리지 않는다.

④ 범죄에 이용될 수 있으므로, 절대 이름이나 주소, 부모님 휴대폰 번호 등을 알려주지 않는다.

⑤ 만약 개인 정보를 알려주었을 때는, 부모님께 바로 전화하여 상황을 정확하게 이야기한다.

'딩동, 딩동.'
"앗, 깜짝이야."

정우는 너무 놀라 그 자리에 주저앉을 뻔했어요. 그렇지 않아도 이상한 전화 때문에 기분이 별로인데 갑자기 벨이 울렸기 때문이에요. 문구멍으로 내다봤더니 택배 아저씨였어요.

'엄마가 택배 올 게 있다는 이야기는 하지 않았는데?'

그래서 정우는 집에 없는 것처럼 조용히 있었어요.

'딩동, 딩동.'

"아무도 없나? …… 택배 왔습니다."

정우는 계속 숨을 죽이고 문구멍을 통해 아저씨를 지켜봤어요. 아저씨는 집 안에서 인기척이 없자, 종이를 꺼내 무엇인가를 적어서 문 앞에 붙였어요. 그러고는 엘리베이터를 타고 내려갔지요.

정우는 혼자서 집에 있는 것이 이렇게 힘들 줄 몰랐어요. 이젠 컴퓨터 게임도 하고 싶지 않았어요. 조그만 소리에도 예민해진 정우는 침대에 올라가 이불을 푹 뒤집어 썼어요.

"정우야. 정우야."

어느 순간 잠에 빠진 정우를 엄마가 깨웠어요.

"응? 엄마!"

정우는 자기도 모르게 벌떡 일어나 엄마를 꼭 안았어요.

동생이랑 집에 있는데 엄마 친구라는 모르는 아저씨가 찾아와서 집을 다 뒤지고 갔어요.

택배라는 소리에 문을 열었는데, 그대로 밀고 들어와 강도가 되었어요.

우리 주변에서 심심치 않게 일어나는 일이에요. 그만큼 친구들이 혼자 있는 건 위험할 수 있어요. 될 수 있으면 부모님이나 보호자와 같이 있는 것이 좋아요. 하지만 어쩔 수 없이 혼자 있게 되는 상황이라면 친구들이 꼭 지켜야 할 게 있어요.

집에 택배가 올 게 있다면 부모님께 미리 연락이 왔을 거예요. 또 정말 택배가 올 게 있더라도 집에 사람이 없다면 부모님과 연락해 다른 방법을 찾을 거예요. 그러니 혼자 있을 때는 부모님과 정해진 사람이 아니라면 아는 사람이라도 문을 열어주면 안 된답니다.

조심조심 법칙

누가 찾아왔을 때

☐ 방문 예정인 사람이 있는지 미리 부모님께 확인하고, 만약 혼자 있는 시간에 방문 예정이라면 되도록 부모님이 계실 때 방문하도록 시간을 바꾼다.

☐ 식구가 아니라면 택배, 가스점검, 경비원 아저씨 등 누가 찾아와도 대꾸하지 말고 조용히 없는 척한다.

☐ 누가 문을 열려고 하거나 수상한 소리가 들리면 소리가 들리는 쪽으로 가지 말고, 부모님 또는 긴급연락처로 연락한 뒤 안전한 장소를 찾아 숨는다.

> **TIP** 긴급연락처는 **경비실, 112, 부모님이 지정한 이웃** 등으로 평소에 정확하게 알아둔다.

☐ 마음을 진정시키고 침착하게 상황을 지켜보며 부모님의 연락을 기다린다.

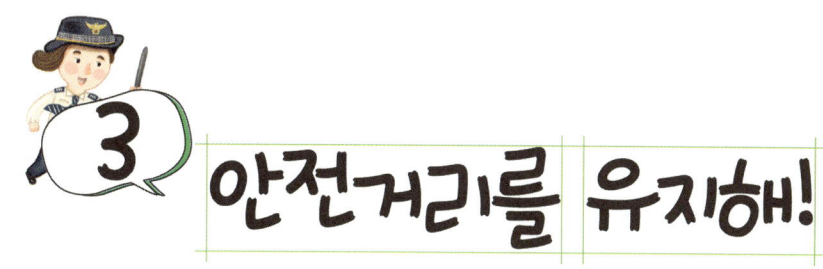

3 안전거리를 유지해!

"정우야, 어제 엄마가 드디어 새 레고 시리즈를 사 주셨어. 우리 같이 만들자."

준식이의 말에 정우가 눈을 반짝이며 말했어요.

"우와, 정말? 나도 그거 정말 갖고 싶었는데……. 집에 가서 엄마한테 얘기하고 갈게."

"그래. 이따가 꼭 와!"

정우는 단짝 준식이와 새로운 레고를 만들 생각에 들떠 수업이 끝나자마자 서둘러 집으로 뛰어갔어요.

"학교 다녀왔습니다."

엄마는 오늘따라 예쁘게 화장을 하고 있었어요.

"엄마, 어디 가세요?"

"친구들 모임이 있어서. 너도 같이 간다고 했는데, 어때?"

"난 오늘 준식이네 가기로 약속했는데……."

"준식이네? 엄마랑 가면 맛있는 것도 먹을 텐데."

"맛있는 것보다 준식이네 가는 게 더 좋아요."
"그래, 알았어. 그럼 지금 데려다 줄게."
"아니야, 엄마. 준식이랑 약속한 시간이 좀 남았어요. 나 혼자 가도 되니까 걱정하지 말고, 먼저 나가세요."

엄마가 먼저 외출하신 후 잠시 있다 준식이네 가기 위해 나왔어요. 혼자 집을 나와 걷다 보니 기분이 좋았어요. 마치 어른이 된 것만 같았지요. 큰길을 따라 살랑살랑 걸어가는 데 정우 옆에 검은색 승용차 한 대가 섰어요.

창문이 스르륵 열리더니 예쁜 아줌마가 정우에게 다정하게 말을 걸었어요.

"얘, 여기 무지개마을 4단지가 어디니?"

"무지개마을 4단지요? 여기는 1단지고, 저기 끝에 보이는 아파트 있죠? 그게 4단지예요."

"저~기 어디? 아줌마가 여기는 처음이라 잘 모르겠네. 근데 너 혼자 어디 가니?"

"친구네요."

"친구네가 어딘데?"

"저, 무지개마을 4단지요."

"어머, 그래? 잘됐다. 아줌마도 그쪽으로 가니까 태워줄게."

정우는 순간 고민이 되었어요.

'다리도 아프고 귀찮은데, 아줌마 차를 타고 갈까? 아니야, 엄마가 함부로 타지 말라고 했는데……. 아, 어쩌지?'

정우가 우물쭈물하자 아줌마가 한마디 했어요.

"아줌마 나쁜 사람 아니야. 방향이 같으니까 가자는 건데 뭘 그렇게 생각해. 어서 타, 응?"

아줌마가 채근하자 정우는 그제야 정신이 번쩍 났어요.

"아니에요. 그냥 걸어갈 거예요."

그렇게 말하고 돌아서 걷는 정우 가슴이 콩닥콩닥 뛰며, 자기 모르게 발걸음이 점점 빨라졌어요.

오늘따라 길거리에 아는 사람이 하나도 보이질 않아요. 그렇게 많던 친구들 얼굴이 하나도 보이지 않으니까 더 불안했어요. 한참을 걷다 슬쩍 뒤를 돌아보니 검은색 승용차는 어느새 사라지고 없었어요.

안전 지킴이 한마디

친구들 혼자 길을 걷는 건 나쁜 사람의 표적이 될 수 있어요. 그래서 혼자 친구 집에 가거나 엄마 심부름을 갈 때는 한눈을 팔지 말고 가야 해요. 하지만 길거리에는 친구들을 유혹하는 것들이 너무 많아요. 오락기, 군것질거리, 놀이터 그리고 친구들……. 하지만 이중 가장 위험한 것이 바로 낯선 사람의 무서운 유혹이에요.

나쁜 사람들은 보통 친구들이 알만한 곳을 물어봐요. 그러면 우리 친구들은 대부분 똑똑해 보이고 싶거나 착한 마음에 선뜻 가르쳐주지요. 하지만 이런 친구들의 심리를 이용하는 것이 바로 유괴범들이에요.

특히 부모님과 약속하지 않은 차에 올라타는 일은 절대 하지 말아야 할 행동이에요. 그리고 주위에 차가 있다면 꼭 안전거리(상대의 손이 닿지 않는 거리)를 유지해야 한다는 걸 잊지 마요.

조심조심 법칙

유괴범의 네 가지 유형

1. 좋아하는 것을 주겠다며 유인해요!

혼자 길을 가는데, 낯선 사람이 먹을 것을 주거나 게임기, 휴대폰처럼 친구들이 좋아할 만한 것을 사주겠다고 할 때는 아무리 갖고 싶었던 것이라 해도 단호하게 거절한다.

> 부모님께 먼저 허락을 받아야 해요.

2. 억지로 끌고 가요!

아무리 싫다고 표현해도 건장한 어른이 억지로 끌고 가면 아직 어린 친구들의 힘만으로 버틸 수 없다. 그럴 때는 크게 소리치거나 사람이 많은 곳으로 뛰어가 도움을 청한다.

> 안 돼요! 싫어요! 도와주세요!

3 아는 사람이라며 함께 가자고 해요!

마치 나를 아는 사람처럼 이름을 부르면서 전화번호를 물어보거나 엄마의 부탁을 받았다며 함께 가자고 한다면, 실제 아는 사람인 경우라도 절대 따라가지 말고 이렇게 말한다.

> 부모님께 먼저 여쭤 볼게요.

> 죄송하지만 다른 어른께 부탁해 주세요.

4 같이 가서 도와 달라고 해요!

다친 다리로 길을 묻는 아저씨가 같이 가면서 도와 달라고 하면 고민하는 게 당연하다. 하지만 어른은 아이에게 도움을 청하지 않고, 또 어린이가 직접 도울 필요도 없다.

TIP 아동안전지킴이집

길을 가다가 누군가 따라오거나 도움이 필요할 때는 '아동안전지킴이집'을 찾아가요. 대부분 친구들이 즐겨 가는 문방구나 슈퍼마켓, 약국 같은 장소가 지정되어 있어요. 이곳에서 위험에 처한 친구들을 도와주거나 신고해 줄 거예요.

조심조심 법칙

나를 지키는 약속

❶ 밝고 사람이 많이 다니는 곳으로 다닌다
공원, 건물 사이, 지하 주차장처럼 사람들이 잘 다니지 않거나 밖에서 안이 잘 보이지 않는 곳은 지름길이라도 다니지 않는다.

❷ 자동차 진행방향과 반대로 걷는다
찻길을 따라 걸어야 할 때는 인도 안쪽으로 자동차 운전자의 눈을 마주 보면서 걷는다.

> **Why** 자동차와 진행방향이 같으면 지나가는 차의 갑작스러운 유괴 시도에 제대로 대처하기 어렵다.

❸ 낯선 어른이 말을 걸면 무시하고 지나간다
어른이 아이에게 도움을 요청할 일은 거의 없다. 낯선 어른이 말을 걸면 못 들은 척 지나간다.

❹ 낯선 어른과 말을 할 때는 안전거리를 유지한다
어쩔 수 없이 말해야 할 때는 상대가 손을 뻗어도 닿지 않을 정도의 안전거리를 유지하고, 이름, 주소, 전화번호와 같은 개인정보는 말하지 않는다.

❺ 그 자리에서 가르쳐 준다
낯선 사람이 길을 물어보면 그 자리에서 가르쳐 주고, 절대 따라가거나 차에 타지 않는다.

미리 미리 예방 훈련

몸이 아프다며 도와달라고 해요. 나는 어떻게 할까요?

얘, 잠깐만!

네, 저요? 무슨 일이세요?

내가 몸이 아파서 그러는데 이것 좀 차 안으로 옮겨주지 않을래?

죄송해요. 저 말고 다른 어른에게 부탁해주세요.

할아버지도 그러고 싶은데, 어른이 아무도 없구나.

why 친구들의 착한 마음을 이용하려는 나쁜 어른들이 있어요. 낯선 사람이 도움을 청할 때는 절대 직접 도와주려 하지 말고, 다른 어른에게 부탁하도록 해요. 아이가 어른을 도와주지 않았다고 해서 나쁜 아이가 되는 것은 절대 아닙니다.

정답 죄송해요. 조금 기다리시면 다른 어른이 오실 거예요.

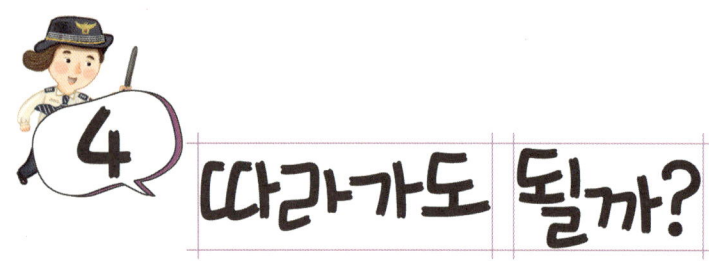

4 따라가도 될까?

지수는 주은이랑 놀이터에서 만나기로 했어요. 그네를 타면서 얘기하면 정말 재미있거든요. 먼저 도착한 지수가 그네에 앉자 주은이가 금세 놀이터에 들어섰어요.

"오래 기다렸어?"

"아니, 금방."

"근데 어쩌지? 나 바로 가야 하는데……. 오늘 할머니 댁에 가기로 한 걸 깜빡했어."

"그래? 할 수 없지 뭐. 다음에 놀자."

주은이가 인사만 하고 가버리자 지수는 너무 심심했어요. 하지만 혹시 다른 친구들이 오지 않을까 해서 그대로 그네에 앉아 친구들을 기다리기로 했어요.

"혼자 뭐하니?"

강아지 한 마리를 품에 안은 아저씨가 지수 옆에 비어 있던 그네에 앉으며 말을 걸었어요.

"우와. 강아지 진짜 예뻐요."

"그렇지? 태어난 지 몇 개월 안 되어서 그래. 너 강아지 좋아하는구나?"

"네, 정말 좋아해요. 만져 봐도 돼요?"

"그럼. 한 번 안아볼래?"

품에 쏙 들어오는 강아지는 너무 부드러웠어요. 지수는 살살 쓰다듬어 주면서 말했어요.

"엄마는 이렇게 예쁜 강아지를 왜 싫어하는지 몰라."

"엄마가 강아지 싫어하니?"

"네, 사 달라고 해도 안 사 주세요."

아저씨는 안타까운 표정을 지으며 말했어요.

"그래? 아저씨네 집에는 강아지가 많은데. 이번에 새끼를 여섯 마리나 낳았지 뭐니. 한 마리 가져가서 키워볼래?"

"진짜요? 진짜 저 주셔도 돼요?"

"그럼. 지금 우리 집에 가서 한 마리 데려가렴."

"정말요?"

지수는 아저씨를 따라가려고 그네에서 벌떡 일어섰어요.

"가자. 아저씨네 집은 여기서 진짜 가까워."

지수랑 아저씨가 놀이터를 막 빠져나가려는 순간이었어요.

"지수야! 너 지금 어디 가? 나 창민이네 가는데 같이 가자."

같은 반 정우가 지수에게 손을 흔들며 말했어요.

"창민이네? 왜 가는데?"

"내일 실험 숙제 같이하기로 했어. 너도 같이하자."

"아, 맞다. 나도 해야 하는데……."

우물거리며 망설이는 지수를 보며 정우가 급한 목소리로 다그쳤어요.

"왜, 어디 급히 갈 일이라도 있어? 나랑 창민이도 좀 있으면 학원에 가야 해서 같이할 거면 지금 가야 해."

"아저씨 죄송해요. 제가 숙제를 깜빡했어요. 강아지 가지러는 내일 가면 안 될까요?"

"뭐? 내일까지 강아지가 남아 있을지는 모르겠구나."

"꼭 한 마리는 제 강아지로 남겨주세요, 네? 네!"

아저씨가 그렇게 해주겠다고 말을 하지 않아서 지수는 조금 불안했지만, 숙제 때문에 어쩔 수 없이 정우와 서둘러 놀이터를 빠져나왔어요.

"지수야, 아까 왜 그 아저씨 따라가려고 했어?"

"아, 아저씨가 강아지가 많다고, 한 마리 주신다고 해서."

"강아지를 준다고? 아는 사람이야?"

"아니, 아까 놀이터에서 처음 만났어."

정우는 깜짝 놀란 눈으로 지수를 바라봤어요.

"야, 윤지수. 너 정신이 있는 거야? 처음 본 사람을 따라가려고 하면 어떡해!"

"아, 맞다. 근데 나쁜 사람은 험상궂게 생기지 않나? 그 아저씨는 진짜 착하게 생겼어. 엄청 친절했다고."

"야, 사람 겉모습만 보고 어떻게 알 수 있냐? 아무리 착하게 생겼어도 낯선 사람은 낯선 사람이야. 그 아저씨를 따라갔다가 무슨 일이라도 생기면 어떡하려고?"

정우의 말에 지수는 고개를 설레설레 저었어요.

"쳇, 설마……."

"설마라니! 물론 별일 없이 지나갔을 수도 있겠지만, 낯선 사람을 따라가지 않는 것은 기본 중의 기본이라고!"

"위험은 무슨……."

대답은 그렇게 했지만 사실 지수의 마음은 덜컥 내려앉았어요.

어린이가 유괴되는 데 걸리는 시간은 얼마나 될까요?

① 35초
② 2분
③ 5분
④ 10분
⑤ 모르는 사람을 따라가지 않는다.

　정답은 35초예요. 이것은 미국의 아동 안전 전문가인 케네스 우든이 놀이터에서 놀던 아이들을 대상으로 실험한 결과예요. '난 절대 안 따라가!' 이렇게 다짐하지만, 대부분 아이들이 강아지를 데리고 있는 낯선 어른을 따라나섰다고 해요.

　이 실험을 보면 얼마나 친구들이 쉽게 낯선 사람에게서 경계심을 푸는지 알 수 있어요. 낯선 사람이 친구들이 좋아할 만한 것을 주겠다고 할 때는 아무리 갖고 싶었던 것이라 해도 단호하고 명확하게 거절하며 말하세요.

부모님께 먼저 허락을 받아야 해요.

유괴의 위험을 줄이려면

① 밝은 곳에서 친구들과 함께 놀고, 해가 지기 전에 집으로 돌아간다.

② 눈에 띄는 값비싼 옷이나 고가의 시계, 가방 같은 물건은 가지고 다니지 않는다.

③ 낯선 사람이 돈이나 과자, 음료수, 게임기 등을 준다고 해도 받지 않는다.

④ 아는 사람이라도 같이 가자고 하면 부모님께 먼저 허락을 받아야 한다고 말한다.

⑤ 강제로 누군가 데려가려 하면 "안 돼요! 싫어요!" 하고 크게 소리쳐 주변 사람들의 시선을 끈다.

⑥ 외출할 때는 어디에 가고, 누구를 만나 언제 돌아오는지를 부모님께 얘기하고 약속을 지킨다.

⑦ 하루 동안 있었던 일을 부모님과 항상 이야기한다.

집 주변 안전 지도 그리기

집 근처 지도를 엄마와 함께 그리며, 안전한 곳과 위험한 곳을 알아둔다.

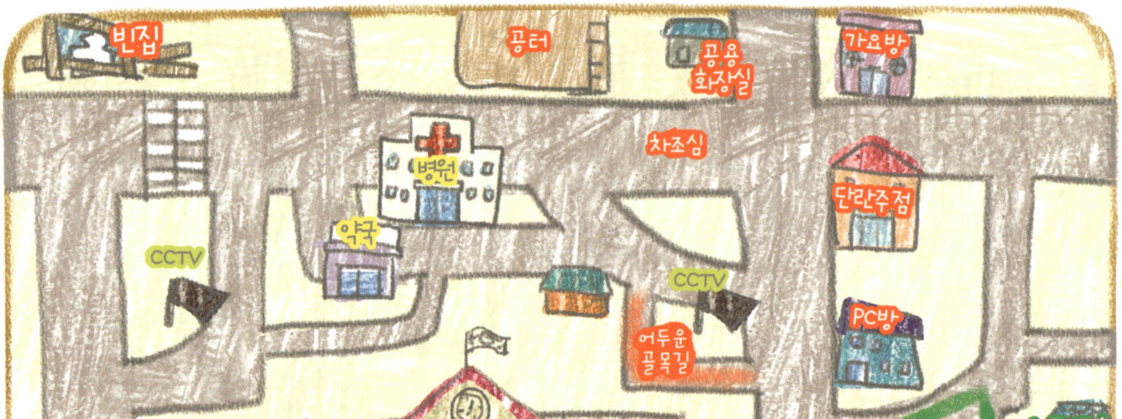

TIP 인적이 드문 골목길이나 공터, 어둡고 한적한 길을 미리 알아두고 다니지 않도록 한다. 또, 경찰서, 아동안전지킴이집, 우체국, 은행, 공중전화 등 만약의 경우 도움을 요청할 수 있는 곳도 같이 표시한다.

낯선 사람이란?

그림 속에서 낯선(나쁜) 사람을 모두 골라 보세요.

어떤 사람을 골랐나요? 아마 친구들 대부분이 인상이 험하거나 화난 표정을 짓고 있는 사람을 나쁜 사람으로 골랐을 거예요. 즉, 웃으면서 말을 거는 예쁘고 잘생긴 사람은 좋은 사람이 되는 거예요.

그래서 지금까지 배운 '낯선(나쁜) 사람'을 따라가지 말라는 교육이 별로 큰 성과를 거두지 못한 거예요. 낯선(나쁜) 사람을 외모로 판단하는 것은 옳지 않아요.

낯선(나쁜) 사람은

① 남자일 수도 있고, 여자일 수도 있다.
② 옷이 초라할 수도 있지만,
   잘 차려입었을 수도 있다.
③ 예쁠 수도 있고, 예쁘지 않을 수도 있다.
④ 동네에서 마주치는 어른일 수도 있고,
   처음 보는 사람일 수도 있다.

이때 가장 중요한 것이 바로 ④번이에요. 낯선(나쁜) 사람은 처음 본 사람일 수도 있지만, 동네에서 마주치던 사람, 얼굴을 아는 어른일 수도 있어요. 가장 중요한 것은 부모님이 지정해주신 어른 외에는 절대 따라가지 않는 거예요.

실제로 범죄를 저지르는 사람은 대부분 흔히 볼 수 있는 평범한 어른들이에요. 아무리 아는 사람이라도 부모님이 지정해준 사람이 아니면 따라가지 않아야 해요.

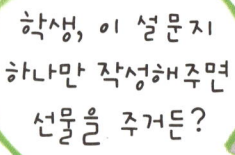

미리미리 예방 훈련

친구들에게 설문지를 작성하면 선물을 준다고 해요. 나는 어떻게 할까요?

Why 학교 앞에 봉고차를 세워두고 아이들에게 흔히 하는 수법으로, 공짜 선물을 받는다는 생각에 친구들이 유혹에 넘어가기 쉬워요. 하지만 어떤 물건도 부모님의 허락 없이는 받으면 안 된답니다.

정답 아니에요. 제가 필요한 건 엄마가 사 주시기로 하셨어요.

미리미리 예방훈련

낯선 아줌마(얼굴만 아는 아줌마)가 급하게 다가와 엄마가 다쳤다며 병원에 같이 가자고 해요. 나는 어떻게 할까요?

지원아, 너희 엄마가 다쳤대.

정말이에요?

지금 병원에 계시는데, 너 데려오라고 하셨어. 얼른 아줌마랑 가자.

Why 대부분 엄마가 다쳤다는 소리를 들으면 아무 생각이 들지 않을 정도로 충격을 받아요. 그래서 어서 가자는 재촉을 당하면 그대로 차에 타고 말지요. 하지만 부모님은 가족 외에는 절대 부탁하지 않는다는 걸 분명하게 기억해야 해요.

정답 아니에요. 저는 나중에 아빠랑 갈게요.

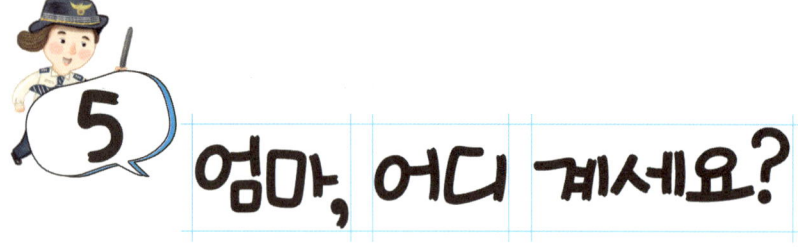

5 엄마, 어디 계세요?

"지수야, 저쪽에서 타임 세일한대. 딱 1시간만 하는 거래. 얼른 가 보자."

엄마는 지수 손을 잡고 세일을 외치는 코너로 종종걸음을 쳤어요. 가뜩이나 걸음 빠른 엄마 뒤를 따라가려니 숨이 턱까지 차는 것 같았어요. 더구나 자꾸 사람들한테 부딪히다 보니 짜증도 나고 화도 났어요.

'아, 진짜. 엄마는 뭘 보겠다고 이러는 거야, 정말.'

지수는 옆에서 기다리라는 엄마 말에 입이 잔뜩 나온 채로 씩씩대며 서 있었어요. 온몸의 신경이 곤두선 탓일까요, 갑자기 화장실이 너무 가고 싶어졌어요.

지수는 엄마 옷을 끌어당겼어요.

"어, 잠깐만 지수야."

엄마는 뒤도 돌아보지 않고 쌓여있는 스카프를 이리저리 헤치며 대답했어요.

"엄마!"

그제야 뒤를 돌아본 엄마 얼굴이 잔뜩 구겨져 있었어요.

"왜! 잠깐이면 된다니까."

"나 화장실 가고 싶어."

"화장실? 잠깐도 못 참아? 금세 끝나."

"안 돼. 급하단 말이야."

"아이, 정말. 이거 타임세일이라서 금세 끝나는데……."

그러면서 엄마는 한 시간만 반짝 세일을 한다는 스카프를 이것저것 들어보고 있었어요.

"엄마. 나 급해."

"아휴, 알았어. 가자 가!"

지수는 엄마 손을 잡고 종종걸음을 쳤어요. 화장실에도 사람이 많은지 입구까지 줄을 서 있었어요.

"뭔 사람이 이렇게 많지? 지수야, 너 혼자 기다릴 수 있지? 엄마 금방 저기 가서 계산만 하고 올 테니까 여기 있어."

"응. 걱정하지 마."

지수는 혼자 차례를 기다렸어요. 긴 줄인 줄 알았는데 문 앞에서부터 시작된 줄인 모양이에요. 바로 다음 차례가 지수였어요.

생각보다 일찍 화장실을 나온 지수는 순간 깜짝 놀랐어요. 아까보다 사람이 더 많은 것 같았어요. 그래서 엄마가 기다리라고 했던 말을 깜빡 잊고 말았어요. 얼른 엄마에게 가야겠다는 생각밖에 들지 않았지요. 사람들이 너무 많은 걸 보니 더럭 겁이 났어요.

'바로 앞이었던 것 같은데……'

지수는 오른쪽으로 가야 할지 왼쪽으로 가야 할지 기억이 나지 않았어요. 다 옷을 파는 데라 거기가 거기처럼 비슷비슷했어요.

"어쩌지? 엄마가 기다릴 텐데……"

지수는 왼쪽으로 꺾어져 엄마를 찾아갔어요. 첫 번째 길에서 다시 꺾어진다고 생각했는데, 아까 봤던 곳이 아니었어요. 순간 지수는 눈물이 그렁그렁해졌어요.

"엄마~!"

울먹이는 소리에 엄마 소리는 들리지도 않았어요.

"훌쩍, 엄마~!"

얼굴은 눈물범벅이 되었어요. 콧물도 흐르는 것 같아요. 평상시 같으면 숙녀 얼굴에 콧물이 흐른다는 게 절대 있을 수 없는 일이었지만 지금은 콧물 따위를 신경 쓸 새가 없어요.

지수의 눈에 왔다갔다하는 아줌마들의 엉덩이만 보였어요. 어디에도 엄마의 얼굴은 보이지 않았어요. 얼마나 맴맴 돌았는지 지수는 다리가 아파 더는 움직일 수가 없었어요.

"으~아~앙!"

그 자리에 주저앉아 그동안 참았던 눈물을 터뜨렸어요.

그때였어요.

"지수야!"

엄마였어요. 엄마는 화장실에 가보니 지수가 없자 매장을 뒤지다 막 방송을 부탁하고 오는 길이었어요.

"어~어~엄마!"

엄마는 한달음에 달려와 지수를 꼭 안아 주셨어요.

"괜찮아? 우리 지수가 많이 놀랐겠구나."

토닥토닥 엄마는 지수의 등을 두드려주었어요. 지수는 쏟아지는 눈물이 멈추지 않아 한동안 엄마 품에 안겨 있었어요.

　미아가 되는 건 순간이에요. 친구들은 엄마가 항상 옆에 있을 거로 생각해요. 그래서 한눈을 팔거나 잠깐 손을 놓고 다른 짓을 해도 괜찮다고 생각하지요. 이런 행동은 학교에서 선생님과 함께 가는 현장 학습이나 소풍에서도 마찬가지예요.

　하지만 그 순간 엄마 아빠 손을 영영 놓칠 수도 있어요. 대형마트에서 앞에 가는 엄마를 따라가다, 눈에 띄는 장난감을 보려고 멈춘 사이, 돌봐주던 이모가 잠시 물을 가지러 간 사이 엄마와 헤어진 아이들도 많았어요.

쉽게 잡고 쉽게 놓을 수 있는 손이지만,
한 번 놓치면 다시는 잡기 어려운 손이 되기도 해요.
부모님도 우리를 잘 보호해야 하지만
집 밖에서는 친구들도 항상 조심해야 해요.

길을 잃었을 때

1단계 제자리에 멈추기

혹시라도 길을 잃거나 부모님과 헤어졌을 때는 부모님을 찾으려 돌아다니거나 당황하지 말고 그 자리에 그대로 멈춘다.

2단계 생각하기

혼자 부모님을 기다리는 건 쉬운 일이 아니다. 그럴 때는 멍하게 서 있지 말고 머릿속으로 자신의 이름과 부모님 이름, 연락처, 주소 등을 생각하면서 기다린다.

3단계 도와주세요!

아무리 기다려도 부모님을 만날 수 없을 때는 도움을 요청한다. 주변에 경찰서가 있다면 가장 좋겠지만 그렇지 않다면 다른 어른에게 도움을 요청한다.

① 아이와 함께 가는 아주머니
② 은행, 우체국, 백화점에서 명찰을 단 직원이나 청원경찰
③ 공중전화에서 긴급통화 버튼을 누른 후 112에 도움 요청

어린이재단 초록우산 〈미아예방 3단계 구호〉

조심조심 법칙

외부 활동시 안전수칙

외부 활동이 많아지는 늦봄부터 특히 주의해야 하는 일이 바로 부모님을 잃어버리는 일이에요. 특히 해수욕장, 놀이공원, 대형 백화점, 테마파크 같은 사람들이 몰리기 쉬운 곳은 항상 위험이 가득한 곳이지요. 그러니 잠시만 한눈을 팔아도 자칫 대형사고로 이어질 수 있다는 생각을 언제나 가지고 항상 조심해야 해요.

안전수칙 ❶ 어디든 믿을 만한 보호자 어른과 함께 간다.

안전수칙 ❷ 쇼핑몰이나 영화관, 행사장 등에는 절대 혼자 가지 않도록 하고, 부모님께 허락을 받아 친구들과 함께 간다.

안전수칙 ❸ 외부에서 공중화장실에 갈 때는 절대 혼자 가지 않는다. 친구 또는 어른과 함께 간다.

안전수칙 ❹ 사람이 많은 곳에 갈 때는 혹시 모를 상황에 대비해 부모님과 만날 장소를 미리 정한다.

미리미리 예방 훈련

엄마와 마트(백화점)에 갔다가 길을 잃었어요.
올바르게 행동하지 않은 친구를 모두 찾아보세요.

① 명찰을 달고 있는 직원에게 도움을 요청한다.
② 내가 좋아하는 코너를 구경한다.
③ 엄마가 있을 것 같은 장소를 찾아 이동한다.
④ 엄마와 헤어질 때를 대비해 미리 약속했던 장소로 간다.
⑤ 그 자리에 멈춰 서서 엄마를 기다린다.

TIP 사람이 많은 낯선 곳에 갈 때는 혹시 일어날지도 모르는 일에 대비해 만날 장소를 부모님과 미리 정해두는 것도 좋아요.

정답 ②, ③

1 똑똑히 감정을 말하라고?

딩동~.

"지수야. 네가 좀 나가줄래?"

"네. 누구세요?"

"아빠다."

현관문을 여니, 아빠 뒤에는 아빠랑 비슷한 아저씨 한 분이 서 계셨어요.

"다녀오셨어요. 안녕하세요."

지수는 후다닥 인사를 하고는 엄마한테로 쪼르르 달려갔어요.

"엄마, 엄마. 아빠 친구 왔어."

"지수야. 어른께는 '오셨어요.'라고 말해야지."

엄마도 주방에서 나와 반갑게 인사를 했어요. 엄마 아빠는 지수에게 잠시 말동무가 되어 주라고 하시며, 엄마는 주방으로, 아빠는 옷을 갈아입으러 안방으로 들어가셨어요.

소파에 앉으며 아저씨가 웃는 얼굴로 지수에게 물었어요.

"네 이름이 뭐니?"

"지수예요, 윤지수."

"그렇구나. 정말 예쁘게 생겼네. 이리 와 볼래? 아저씨는 아들밖에 없어서 지수처럼 예쁜 딸이 정말 갖고 싶었단다."

"네."

지수는 아저씨 옆에 앉았어요.

"와, 우리 지수. 아빠랑 많이 닮았구나."

아저씨는 지수의 어깨에 손을 얹으며 어깨동무를 했어요. 지수는 왠지 기분이 별로 좋지 않았지요.

"지수 지금 몇 살이야?"

"10살이요."

아저씨는 말하면서 계속 지수의 무릎을 만졌어요. 지수는 점점 기분이 나빠졌어요. 하지만 아빠 친구분이라 어떻게 해야 할지 몰랐어요.

"아저씨한테 뽀뽀 한 번만 해줄래? 뽀뽀하면 아저씨가 용돈 많이 줄게."

지수는 용돈이라는 말에 살짝 귀가 솔깃해졌지만 뽀뽀하고 싶지는 않았어요. 지수가 쭈뼛거리고 있을 때 엄마가 주방에서 부르는 소리가 났어요.

"지수야. 이리 좀 올래?"

지수는 벌떡 일어나며 대답했어요.

"네, 엄마."

엄마는 과일을 깎은 접시를 지수에게 주며 말했어요.

"지수야, 이거 아저씨 갖다 드려."

"엄마, 나 그냥 내 방에 가면 안 돼요?"

"왜? 엄마는 지수가 엄마를 좀 도와줬으면 좋겠는데……."

지수는 더 말을 할 수가 없었어요. 아저씨랑 단둘이 거실에 있는 게 싫다는 말을 하면 엄마가 예의 없는 아이라고 할까 봐 걱정이 되었어요.

"그럼, 엄마. 이 과일만 갖다 드리고 바로 내 방으로 가면 안 될까요?"

"아빠 금방 나오실 텐데, 조금만 더 네가 아저씨 말동무를 해 드리면 안 될까? 혼자 계시면 심심하시잖아."

그때 다행히 아빠가 거실로 나오셨어요. 지수는 과일을 아빠에게 갖다 드리고는 곧바로 자기 방으로 들어가 방문을 꼭 잠갔어요.

그런데 잠시 후 똑똑 문 두드리는 소리가 들렸어요.

"지수야, 아저씨인데 들어가도 될까?"

지수는 가슴이 덜컥 내려앉았어요. 그래도 문을 안 여는 건 예의

가 아닌 거 같아서 조심스럽게 문을 열어 드렸어요.

아저씨는 지수를 보더니 다정히 말했어요.

"예쁜 지수, 왜 화났니? 아저씨가 와서 방에만 있는 거야?"

지수는 가슴이 쿵쾅거려 터질 것만 같았어요. 말해야 하는데, 어떻게 하지? 아저씨가 등을 토닥이면서 말했어요.

"아저씨는 딸이 이렇게 예쁜 줄 몰랐거든. 진짜 우리 지수 너무 예쁘다."

지수는 드디어 결심했어요.

"아저씨, 예쁘면 예쁘다고 말로 해주세요. 전 숙녀거든요."

순간 아저씨는 깜짝 놀라는 표정이 되었어요.

"이런 아저씨가 지수를 아기로 생각했구나, 정말 미안하다. 아저씨는 지수가 너무 예뻐서 그런 거야. 이제부터는 아저씨가 숙녀로 대접할게. 같이 거실로 갈까?"

아저씨가 사과하니 정말 지수는 숙녀가 된 것 같았어요.

어쩌면 친구들은 성폭력을 당한 것보다 나 때문에 아는 사람과의 관계가 나빠질까 봐 더 걱정할지도 몰라요. 또, '엄마가 나를 믿어줄까, 나중에 어떻게 하지?' 하는 불안감 때문에 부모님께 쉽게 말하지 못할 수도 있어요.

하지만 절대 그러면 안 돼요. 아무리 아는 사람이고, 형제자매라 해도 문제가 일어나면 바로 부모님께 말해야 해요. 지금까지 일어난 성폭력 사건 10건 가운데 7~8건의 가해자가 아는 사람이었다고 해요. 그러니 낯선 사람도 물론 조심해야 하지만 더 조심해야 할 사람이 바로 아는 사람이라는 걸 잊지 마요.

꼭 알아야 할 성폭력 예방법

❶ 친절하게 대하는 낯선 사람뿐 아니라 아는 사람과도 적당한 거리를 두고 조심한다.

❷ 아무리 친한 사람이라도 단둘이 있자고 요구하면 단호하게 싫다고 말한다.

❸ 선물을 주거나 칭찬을 하면서 몸의 특정한 부위를 보여 달라거나 만지려고 하면 "싫어요. 하지 마세요." 하고 똑똑히 말한다.

❹ 부모님이 부른다고 해도 미리 약속된 것이 아니라면 따라가지 않는다.

❺ 어른이라도 잘못된 말은 무조건 따르지 않는다.

❻ 싫은 느낌 또는 불쾌하다고 생각되면 그 자리에서 당당하게 거절한다.

❼ 겪은 일은 믿을 수 있는 어른에게 바로 얘기한다.

미리미리 예방 훈련

윤미랑 지연이가 놀이터에서 놀고 있었어요. 그런데 낯선 아저씨가 다가와 지연이를 데리고 구석으로 갔어요. 거기서 아저씨가 지연이 몸을 함부로 만지려고 해요. 윤미랑 지연이는 어떻게 해야 할까요?

 **어떻게 대처할까?**

① 어떤 이유든 낯선 사람을 따라가지 않는다.
② "싫어요. 안 돼요. 만지지 마세요." 하고 크게 소리친다.
③ 얼른 그 자리를 벗어나 안전한 곳으로 달려간다.
④ 부모님이나 학교 선생님께 사실대로 이야기한다.

정답 지연 : "싫어요. 만지지 마세요." 하고 똑똑히 말하고, 안전한 곳으로 달려간다.
윤미 : 주변에서 어른을 찾아 도움을 청한다.

미리 미리 예방 훈련

진희는 친구 지유네 집에 놀러 갔어요.
지유가 화장실을 간 사이 고등학생인 지후 오빠가 진희를 보고 예뻐졌다고 하면서 안으려고 해요. 진희는 어떻게 해야 할까요?

why 아는 오빠라고 해서 사이가 나빠질까 봐 걱정할 필요는 없어요. 싫다는 자기 생각을 당당하고 확실하게 상대에게 말해야 나쁜 일을 사전에 막을 수 있어요. 그리고 꼭 이 사실을 부모님께 그대로 이야기해요.

정답 "싫어, 만지지 마!" 당당하게 말하고, 집으로 가 부모님께 이야기한다.

81

2 누구라도 단둘인 안 돼!

오늘은 지수가 학원을 세 군데나 들러야 하는 바쁜 날이에요. 여러 학원을 함께 다니다 보니 일주일에 한 번은 이렇게 겹치는 날이 생길 수밖에 없어요. 피아노를 끝내고 나니 벌써 기운이 쭉 빠졌어요. 배도 고프고 집에 가고 싶은 마음이 굴뚝같았지요.

다른 날보다 빨리 미술학원에 도착해서인지 친구들이 한 명도 보이지 않았어요.

"어? 웬일이지? 주은이는 아직 안 왔나?"

지수는 미술도구를 들고 이젤 앞에 앉았어요. 갑자기 아무도 없는 텅 빈 화실이 너무 낯설었지요.

"에잇, 뭐야. 그림이나 그리자."

그때 삐거덕 문이 열리면서 얼마 전에 새로 오신 선생님이 들어오셨어요.

"지수 왔구나."

"네, 안녕하세요. 선생님."

"그런데 지수 얼굴이 피곤해 보이네?"

"헤헤, 아니에요. 배가 고파서 그래요."

"그래? 그럼 선생님이 맛있는 것 줄까?"

그렇게 말하고는 옆방에서 케이크 상자를 가지고 나왔어요.

"어제가 내 생일이라 파티를 했거든. 근데 너무 늦어서 못 먹고 그대로야. 선생님이랑 같이 먹자."

지수는 배가 고파서인지 케이크가 너무 맛있어 보였어요. 하지만 아직 낯선 선생님이라 망설여졌어요.

'에이, 선생님이 주시는 건데 뭐.'

지수는 나쁜 생각을 털어내듯 고개를 설레설레 저으며 밝은 목소리로 대답했어요.

"네, 감사합니다."

그러자 선생님은 작은 탁자 위에 케이크를 놓고는 의자를 나란히 놨어요.

"지수야, 이리 와. 여기 앉아."

지수는 속으로 '어? 의자를 왜 나란히 놨을까?' 하는 생각이 스쳤지만 선생님이 시키는 대로 자리에 앉았어요. 케이크 한 조각을 입에 넣자 달콤한 생크림이 사르르 녹았어요.

"너무 맛있어요. 선생님은 안 드세요?"

"응, 선생님은 별로 안 좋아해. 지수 많이 먹어."

"네."

그런데 선생님 손이 자꾸 지수 목을 간질여요. 그러더니 얼굴을 지수 얼굴 가까이 대고는 숨을 내쉬는 거예요. 지수는 놀라고 갑자기 기분이 너무 나빠졌어요. 기분이 나빠지니 케이크도 이젠 먹고 싶지 않았지요.

"선생님, 간지러워요."

"지수가 너무 예뻐서 그래. 어서 먹어."

그렇게 말하고는 이번에는 선생님의 손이 옷 속으로 들어오려는 거예요. 지수는 너무 당황해서 어쩔 줄을 몰랐어요.

'배고프다고 케이크까지 챙겨 주셨는데, 어쩌지……'

지수는 갑자기 화를 내면 선생님께 예의가 아닌 것 같았어요. 하지만 너무 기분이 나빠져서 그대로 있을 수가 없었어요. 지수는 자리에서 일어나려고 했어요.

"선생님, 저 그만 먹을래요. 엄마가 오늘 저녁에 외식한다고 하신 걸 깜빡 잊었어요."

하지만 선생님은 그런 지수를 이번에는 힘을 줘서 꼬옥 안으려 했어요.

"그래, 먹기 싫으면 먹지 마. 대신 선생님이랑 기분 좋아지는 놀이 할까?"

"선생님, 하지 마세요. 전 별로 기분이 안 좋아요!"

그때였어요. 화실 문이 벌컥 열리면서 주은이가 뛰어들어왔어요.

"안녕하세요. 늦었습니다."

선생님은 화들짝 놀라 주은이에게 인사를 하는 둥 마는 둥 하고는 화실을 나갔어요.

"박주은! 너 왜 이렇게 늦게 왔어."

"왜 그래? 무슨 일 있었어?"
"하여튼 너 또 늦으면 나 미술학원 그만둘 거야."
주은이는 황당한 얼굴로 지수를 쳐다봤어요.

우리 친구들 대부분은 착한 아이 콤플렉스를 가지고 있어요. 어렸을 때부터 어른들 말씀을 잘 들어야 예의 바른 아이라고 배웠기 때문이에요. 그래서 어른이 하는 말과 행동에 반대하는 것은 나쁜 어린이가 되는 것처럼 느껴져 제대로 자신의 의견을 말하지 못하는 경우가 많아요.

하지만 '절대'라는 경우는 없어요. 어른의 말이라고 해서 무조건 따라야 하는 것은 아니에요. 내 물건을 허락 없이 만지면 안 되는 것과 마찬가지로

내 몸 역시 내 허락 없이 절대 남이 만지면 안 되는 소중한 것이에요. 어른이라고 해도 함부로 내 몸을 만지면 안 돼요.

특히 수영복으로 가려지는 부분, 가슴과 배 그리고 성기는 엄마나 아빠라도 함부로 만지면 안 되는 곳이에요. 그러니 목욕할 때도 스스로 소중한 부분을 씻는 습관을 들이도록 해요.

수상한 사람과 나쁜 행동

① 친구들과 공원에서 놀고 있을 때 유독 친절하게 굴면서 말을 거는 낯선 사람은 수상한 사람이다.

② 사촌 오빠가 맛있는 것을 사준다며 소중한 부분을 보여 달라고 하는 건 나쁜 행동이다.

③ 엄마가 다쳤다고 빨리 가자고 내 이름을 부르며 다가오는 아는 사람도 나쁜 사람이 될 수 있다.

④ 자동차에서 내리지 않고 창문만 열어, 가까이 다가와 길을 알려 달라는 낯선 어른도 수상한 사람이다.

⑤ 나 혼자 있을 때 놀러 온 친척 어른이 내 몸을 쓰다듬으면서 속옷을 만지는 것은 나쁜 행동이다.

⑥ 자신의 소중한 부분을 다른 사람에게 보여주어 상대를 불쾌하게 만드는 것은 나쁜 행동이다.

조심조심 법칙

조심, 또 조심!

낯선 사람뿐만이 아니라 아는 사람도 조심한다

주변에 아는 사람이라도 순간 나쁜 생각을 할 수 있으므로 친인척이라도 단둘이 있지 않는다.

자신의 느낌을 정확하게 표현한다

평상시 잘해주는 사람이라면 자신의 기분이 좀 나쁘더라도 원하는 것을 그대로 들어주려 하게 되는데, 아무리 친하더라도 잘못된 행동이나 나쁜 기분을 바로 표현한다.

성폭력에 남·여 구분은 없다

남자가 여자보다 성폭력의 위험에 적게 노출되어 있지만, 전혀 위험이 없다고 할 수 없으므로, 남자라도 주의한다.

나만 소중한 게 아니라 남도 소중하다

내 몸이 소중한 만큼 다른 사람의 몸도 소중하다. 그러므로 다른 사람에게도 기분 나쁜 행동을 하지 않도록 한다.

조심조심 법칙

성폭력에 대비해 내가 지켜야 할 일

- ☐ 엘리베이터를 탈 때는 번호판 앞에 서서 만일에 일어날 수 있는 상황에 대비한다.
- ☐ 지하주차장 같은 외진 곳에 들어가서 놀지 않는다.
- ☐ 너무 빨리 등교하거나 너무 늦게 하교하지 않는다.
- ☐ 혼자 다니지 말고 친구들이나 어른과 함께 다닌다.
- ☐ 공중화장실을 이용할 때는 절대 혼자 가지 않는다.
- ☐ 다른 집을 방문할 때는 두 명 이상이 함께 간다.
- ☐ 가족이라도 남매간에는 방을 따로 사용한다.
- ☐ 아무리 친한 친구 사이라도 옷은 단정히 입는다.
- ☐ 이성 친구와 둘이 만나기보다 여러 친구와 함께 어울린다.
- ☐ 이성 친구와 단둘이 있을 때는 반드시 방문을 열어 둔다.
- ☐ 위급한 상황에서는 내 의사 표현을 분명하게 한다.

3 봤어? 바바리맨!

　수업이 끝나고 지수는 학원 차를 타기 위해 혼자 터덜터덜 교문을 향해 걷고 있었어요. 오늘따라 무슨 일인지 교문 앞에는 많은 아이가 웅성거리며 몰려 있었어요.

　"꺅~"

　갑자기 소리를 지르며 몰려 있던 아이들이 뛰기 시작했어요. 몇몇 여자아이는 운동장 저만치까지 달아났지요. 지수는 깜짝 놀라

그 자리에 멈춰 섰어요.

　그때 보안관 할아버지가 큰소리를 지르며 달려왔어요.

　"허, 저놈 보게. 여기가 어디라고, 저리 못 가!"

　할아버지 손에는 기다란 대걸레가 들려 있었어요. 그러자 바바리를 입은 어떤 남자가 후닥닥 뒤돌아 달리기 시작했어요.

　지수는 무슨 일인지 궁금해 교문 앞까지 할아버지를 따라 뛰어갔어요. 교문 앞에 서 있던 정우에게 지수가 물었어요.

　"뭐야? 무슨 일인데?"

"못 봤어? 바바리맨이잖아. 여자애들 소리지르고 난리났었어."

지수는 정우 말에 깜짝 놀랐어요.

'우리 학교 앞에 바바리맨이 나타났다고?'

바바리맨 때문일까요? 매일 걸어가던 길인데 오늘따라 영 기분이 좋지 않았어요. 게다가 항상 다니던 길이 공사 중이라 막혀 있어, 외진 골목길로 빙 돌아가야 한다니 기분이 더 나빠질 수밖에 없었지요.

꽤 긴 골목길 입구에 들어서는데 반대편 끝에 누군가 서 있는 게 보였어요. 꼭 바바리를 입고 있는 것 같아 신경이 쓰였지만 다른 길이 없던 터라 지수는 '설마' 했어요.

그런데 고개를 푹 숙이고 걷던 지수 앞을 누군가 막아섰어요. 지수 눈에는 긴 바바리코트만 보였어요. 지수가 멈춰 서자 남자는 갑자기 입고 있던 바바리를 벌렸어요.

"으악!"

지수는 깜짝 놀라 도망가지도 못한 채 그 자리에 서서 소리를 쳤어요. 지수 비명에 어디선가 어른들이 달려왔어요. 그 사이 바바리맨은 사라지고, 너무 놀란 지수는 그만 울음을 터뜨리고 말았어요.

겨우 집으로 돌아왔지만, 지수 머릿속에는 자꾸 바바리맨의 모습이 떠올라 도저히 마음이 가라앉지 않았어요.

바바리맨이라고 들어본 적이 있지요? 친구 중에는 직접 본 경험이 있는 친구들도 있을 거예요. 일명 바바리라고 하는 긴 코트를 입고 나타난다고 해서 붙여진 이름이에요. 이들은 공공장소에서 자신의 성기를 드러냄으로써 얻어지는 반응을 즐기는 사람들이에요.

바바리맨들이 가장 잘 나타나는 곳이 10대 여학생들이 많은 곳인데, 그 이유는 친구들이 두려워하고 놀라는 모습에서 '쾌감'을 느끼기 때문이래요. 바바리맨은 대부분 잘못된 성에 대한 가치관을 가지고 있는 노출증 환자예요.

우리 친구들이 어린 나이에 노출증 환자를 보게 되는 경우 심한 충격을 받을 수도 있고, 성에 대한 혐오감을 느낄 수도 있어요. 그러니 이럴 때는 부모님이나 선생님과 이야기하여 올바른 성 가치관을 가질 수 있도록 노력해야 해요.

만약 바바리맨을 보았다면, 못 본 척 무시하고 안전한 곳으로 피한 뒤 경찰에 신고하는 것이 가장 현명한 대처법이랍니다.

조심조심 법칙

바바리맨에 대한 잘못된 대처법

① 휴대폰을 꺼내 사진을 찍는다.
② 매우 놀라며 그 자리에 주저앉아 운다.
③ 중요 부위를 발로 걷어찬다.
④ 바바리맨을 무시하거나 놀리는 말을 한다.
⑤ 그 자리에서 경찰에 신고한다.

이런 행동은 하지 마!

바바리맨은 대개 노출 후에는 사라지기 때문에 오히려 이런 대응이 신경을 자극해 2차 범죄로 이어질 수 있어요. 만약 바바리맨과 마주쳤다면 태연하게 지나치거나 무시하는 척해서 바바리맨을 자극하지 않는 것이 좋아요.

또, 요즘은 차를 이용해 길을 묻는 척하며 자신의 성기를 노출하는 일도 많아졌다고 하니, 낯선 차와 안전거리 확보도 잊지 마요.

조심조심 법칙

성폭행범의 전형적인 모습

1 친한 척 접근한다

나쁜 의도가 있기 때문에 마음을 얻기 위해 과하게 친한 척을 하거나 칭찬을 하면서 접근한다.

2 도움을 요청하거나 애완동물을 이용한다

아이들의 착한 마음씨를 이용해 도움을 요청하는 척하거나 애완동물을 보여주며 관심을 끈다.

3 친분을 이용해 접근한다

범죄의 93%는 피해자가 아는 사람에 의해 일어났다. 아는 사람이라도 마음을 놓으면 안 된다.

4 단둘이 있을 기회를 만들려고 한다

사람이 많은 곳이 아닌 단둘이 있을 수 있는 곳으로 유인하려 한다. 그러니 절대 따라가면 안 된다.

5 비밀, 절대 아무한테도 말하지 말라고 한다

비밀은 지켜야 한다는 아이의 심리를 이용하거나 가족에게 해를 입히겠다고 협박한다. 하지만 이런 비밀은 지킬 필요가 없다.

미리미리 예방 훈련

지선이는 학원에서 공부하다 화장실에 가고 싶었어요. 학원은 3층인데 화장실은 2층에 있었어요. 혼자 화장실을 가려는데 여자 화장실 앞에 낯선 아저씨가 서 있었어요. 지선이가 화장실에 들어가자 아저씨가 따라 들어와 문을 닫았어요. 어떻게 해야 할까요?

Why 공중화장실에 갈 때는

혼자 가지 말고 선생님께 말해서 함께 가달라고 하거나 친구들과 함께 가야 위험하지 않아요. 그리고 주변에 낯선 사람이 있을 때는 화장실에 들어가지 말고 일단 그 자리를 피하는 것이 좋아요.

정답 화장실 문을 크게 두드리며 "싫어요."라고 소리쳐요.

4 내가 본 게 아니에요!

정우는 집에 들어오자마자 컴퓨터 앞으로 달려갔어요. 지수와 메신저를 하기로 했거든요. 하지만 엄마한테는 과학 실험 사이트를 본다고 말할 거예요.

엄마는 컴퓨터로 뭔가 하는 걸 정말 싫어하거든요. 왜 그렇게 싫어하는지 정우는 알 수가 없었어요. 얼마나 재미있고 또 유익한 것도 많은데요. 엄마는 컴퓨터가 해로운 거라며 학교에 내는 과제물만 아니었으면 사주지 않았을 거라고 해요. 도대체 뭐가 해롭다는 거죠?

"박정우! 너 오자마자 또 컴퓨터야? 손부터 안 씻어?"

"알았나이다. 어마마마."

정우는 장난스럽게 중얼거리며 화장실로 들어갔어요. 화장실 밖에서는 엄마의 잔소리가 이어졌어요.

"무슨 애가 하나부터 열까지 잔소리를 해야 하니? 이제 혼자 알아서 할 나이도 됐잖아. 너 나와서 숙제부터 안 하면 가만 안 둬!"

손을 다 씻은 정우는 입을 삐죽 내밀며 화장실에서 나왔어요.

"오늘 숙제 없거든요. 그리고 지수랑 실험 확인하기로 했단 말이에요."

엄마는 정우를 흘낏 쳐다보면서 쯧쯧, 혀를 차고는 방으로 들어가 버리셨어요. 사실 정우는 엄마가 방으로 들어가는 게 좋아요. 아무래도 부엌에 계시면 컴퓨터로 다른 걸 하는 게 걸리기 쉽거든요.

손을 씻는 사이 컴퓨터 부팅이 끝나 있었어요. 활짝 웃고 있는 예쁜 지수 사진이 정우를 반기고 있어요.

"안녕, 지수야. 자, 오늘은 뭐부터 확인해볼까?"

정우는 익숙하게 사이트를 열고 들어가 메일부터 확인했어요. 오늘도 광고 메일이 가득했어요.

'어라, 진우가?'

진우가 메일을 보냈어요. 한 반 친구이긴 하지만 메일을 보낸 적이 없는 친구였어요. 별로 친하지도 않았거든요.

'지난번에 약속한 거 말이지…….'

"지난번에 약속? 뭐지? 진우랑 내가 약속한 게 있나?"

정우는 약속한 게 뭔지 도무지 생각이 나지 않았어요. 궁금한 마음에 메일을 열었어요. 그랬더니 진우 메일이 보이는 게 아니라 자꾸 이상한 화면만 열렸어요. 계속 끝도 없이 열렸어요.

"어? 뭐야. 이거 왜 이러지? 난 이런 거 싫어~."

정우는 열리는 걸 멈추려고 했지만, 도저히 멈춰지지가 않았어요. 아무리 창을 닫아도 새로 열렸어요. 열리는 창마다 남자와 여자의 모습이 보였어요. 정우는 얼굴이 빨개지면서 고개를 돌렸어요.

"어떻게 하지? 아, 이거 정말 뭐냐고!"

정우는 도저히 어떻게 해볼 방법이 없었어요. 컴퓨터 화면은 이제 이상한 창으로 가득했어요.

"엄마~~!"

정우가 급하게 부르는 소리에 엄마도 놀란 모양이에요.

"왜? 무슨 일 있어?"

엄마는 정우 방에 들어서자 화면 가득 채워진 낯 뜨거운 동영상들에 눈살을 찌푸렸어요.

"엄마, 난 그냥 메일만 열었는데 이래요."

엄마 눈치를 보느라 안 하던 존댓말까지 줄줄 나왔어요. 엄마는 창을 닫다가 안 되자 컴퓨터 전원을 꺼버렸어요. 그리고는 전원을 다시 켜고는 바이러스 체크를 하기 시작했어요. 정우에게 받은 메일을 삭제하라고 하고는 유해물차단서비스를 켜주었어요.

"박정우. 이상한 메일은 절대 열어보면 안 된다는 거 알지?"

"네!"

정우는 정말 깜짝 놀랐어요. 하나같이 이상한 자세를 한 남자와 여자 사진이 있는 그 많은 창이 어떻게 줄줄이 열리는 건지, 정말 궁금했어요.

메신저를 켜자마자 지수의 쏘아붙이는 대화창이 열렸어요.

 뭐야. 나 아까부터 기다리고 있었는데……．

말도 마. 나 정말 정신없었어.

 왜? 무슨 일 있었어?

진우한테 메일이 왔기에 열어봤다가
컴퓨터에 이상한 화면이 막 뜨고, 창피해서 혼났어.

 진우 메일? 진우라면 이진우?
걔가 왜 너한테 메일을 보냈어?

나도 걔가 보낸 줄 알았는데, 아니었나 봐.

 아, 그럼 스팸이구나?

응. 그랬나 봐.

 너 아주 깜짝 놀랐겠네?

말도 마. 엄마가 와서 겨우 껐는데,
엄마도 놀랐는지 다시는 메일 열지 말라고 하시더라고.

 아는 이름이라도 이상하면 안 보는 게 제일 좋대.

그래 맞아. 오늘은 그만 하자. 아직도 기분이 별로야.

정우는 컴퓨터를 끄고는 침대에 누웠어요. 하지만 아까 메일에서 본 야릇한 사진이 자꾸 떠올라서 다른 생각을 할 수가 없었어요.

"정우야. 엄마랑 산책하러 가자."

"네!"

엄마의 산책하러 가자는 소리가 이렇게 반가울 수가 없었어요. 산책을 다녀오면 머릿속에서 좀 사라지겠죠?

현대 사회는 컴퓨터를 떠나서 살기 어려운 세상이에요. 학교 숙제부터 시작해서 친구들과 대화도 전부 컴퓨터를 사용하기 때문이에요. 편리한 만큼 좋은 점도 있지만, 그만큼 폐해도 많은 게 사실이에요. 특히 쉽게 친구들도 접할 수 있게 되어버린 음란물이 가장 심각한 피해라고 할 수 있어요.

인터넷 검색을 하거나 메일을 통해서 성인사이트나 음란물을 접하게 된다면 당황하지 말고 침착하게 대응해요.

옳지 않은 음란물에 자주 노출되면 성폭력의 가해자가 될 수 있고, 자신의 가치관에도 악영향을 주는 것은 물론 성장과 정체성에 악영향을 줘요.

가장 좋은 방법은 부모님과 솔직하게 대화를 나누는 거예요. 음란물을 전혀 안 볼 수는 없어요. 그만큼 너무 쉽게 접할 수 있게 되었기 때문이에요. 하지만 중요한 건 이것을 본 다음 어떤 태도와 생각을 가지느냐입니다.

조심조심 법칙

컴퓨터는 어떻게 사용할까?

☐ 컴퓨터는 거실처럼 열린 공간에서 사용한다.

☐ 부모님 허락 없이 유료 사이트는 가입하지 않는다.

☐ 내가 주로 찾는 인터넷 사이트는 공개한다.

☐ 부모님과 패스워드를 공유한다.

☐ 음란물 차단 프로그램을 설치한다.

☐ 휴대폰 번호, 주소, 학교명, 사진 등 개인정보를 다른 사람에게 함부로 알리지 않는다.

☐ 온라인상에서 알게 된 사람을 오프라인에서 만나지 않는다.

☐ 음란물 메일이나 동영상을 받았을 때는 부모님에게 말한다.

☐ 채팅 도중 상대방이 이상한 말을 건네 오면 그 즉시 대화방에서 빠져나온다.

음란물 중독 예방법

1. 하루에 정해진 시간에만 컴퓨터를 한다.
2. 컴퓨터를 하는 시간을 줄이고, 바깥 활동을 늘린다.
3. 밖에서 친구들과 몸을 움직여 뛰어논다.
4. 전문가의 도움을 받는다.
   - 청소년 전화 1388
   - 한국컴퓨터생활연구소 02-325-8559
   - 청소년 탁틴내일 02-3141-6191

Tip 유해정보를 차단하려면

서울시교육청, 교육과학기술부, 방송통신심의위원회에서 어린이에 건전한 인터넷 이용을 위해 그린i-Net(www.greeninet.or.kr)에서 청소년 유해 정보 차단 및 인터넷 시간 관리 소프트웨어를 무료로 제공하고 있다. 사이트에 접속하여 다양한 소프트웨어 중 필요한 소프트웨어를 골라 다운로드 하면 된다.

미리미리 예방 훈련

스마트폰으로 친구와 채팅을 하던 지수에게 새로운 친구가 말을 걸었다는 메시지가 보였어요. 지수는 별생각 없이 대화창을 열다 상대가 보내온 이상한 사진을 보고 깜짝 놀랐어요. 모르는 사람이 보낸 대화창을 어떻게 할까요?

 스마트폰이 보편화 되면서 나를 모르는 사람도 내 휴대폰 번호만 알면 쉽게 대화할 수 있게 되었어요. 특히 나쁜 의도를 가지고 이런 사진을 보내면 스팸 신고를 하여 완전히 차단하는 것이 좋아요. 또, 자신에 대한 정보를 모르는 사람에게 절대 알려주지 말고, 모르는 사람이 말을 걸 때는 창을 열지 말고 바로 삭제해요.

정답 열지 않고 지운다.

정우는 채팅에서 우연히 어떤 형을 알게 됐어요. 그런데 중학교에 다닌다고 자신을 소개한 형이 선물을 준다지 뭐예요. 정우는 신 나서 형을 만나러 나가려 해요. 만나도 될까요?

엄마, 나 잠깐 나갔다 올게요.

늦지 않았니? 어디 가려는데?

응, 좀 전에 채팅 방에서 만난 형이 선물을 준다고 해서…….

why 온라인에서 만난 사람을 실제로 만나는 건 좋지 않아요. 온라인은 서로 얼굴이 보이지 않기 때문에 많은 걸 속일 수가 있어서 쉽게 나쁜 범죄에 이용된답니다.

정답 만나지 않는다.

5 나쁜 약속은 지킬 필요 없어!

지수는 헐레벌떡 정우네 아파트 입구에 도착했어요. 손에는 새로 산 스마트폰이 들려 있었어요. 정우에게 신 나서 자랑했더니 꼭 보고 싶다고 해서 막 달려오는 길이에요. 다 늦게 어딜 가느냐는 엄마의 잔소리에 몰래 집에서 빠져나왔어요. 하지만 정우는 아직 도착하지 않았어요.

"치, 보고 싶다고 난리를 치더니, 왜 아직 안 오는 거야!"

지수는 아파트 입구 화단에 앉았어요. 그때였어요.

"너 몇 학년인데 아직 여기 있니?"

깜짝 놀라 올려다보니 경비 아저씨였어요.

"3학년이요."

"그런데 왜 집에 안 가고 여기 있어?"

"친구를 잠깐 만나기로 해서요."

"그래? 알았다."

경비 아저씨는 뒤돌아서려다 말고 지수를 보며 물었어요.

"추운데 경비실에서 기다릴래? 거기에서도 여기가 잘 보인단다."

지수는 그렇지 않아도 어둑어둑해지는 길거리가 무서웠어요.

"네. 감사합니다."

지수는 아저씨를 따라 경비실로 갔어요. 책상 위에 휴대폰이 놓여 있었어요. 그런데 언뜻 본 휴대폰 화면에 벌거벗은 여자가 있었어요. 지수는 깜짝 놀라 아저씨를 쳐다보았어요. 아저씨는 급하게 휴대폰을 껐어요. 갑자기 지수는 아저씨를 따라 들어온 게 후회가 되었어요. 그때 머릿속에서 엄마 말이 울려 퍼졌어요.

"지수야, 아무리 친절한 사람이라도 가족이 아니라면 절대 단둘이 있으면 안 돼. 위험한 일이 생길 수 있거든."

그러다가 '설마, 무슨 일이 있으려고.' 하는 생각이 들었어요. 해가 지니 어둡고 바람이 불어 추웠는데, 경비실은 따뜻하고 밝아서 좋았기 때문이에요.

"친구를 왜 이렇게 늦게 만나?"

"친구한테 새로 산 휴대폰을 자랑했더니, 당장 보여 달라고 해서 급하게 만나러 나왔어요."

"그랬구나. 그런데 이제 보니 얼굴이 참 예쁘게 생겼구나. 미녀 옆에 앉으니 아저씨 기분이 좋은걸."

　아저씨는 웃으며 지수의 머리를 쓰다듬었어요. 그런데 아저씨 손이 머리를 쓰다듬기만 하는 게 아니라 점점 허리로 내려왔어요. 지수는 어떻게 해야 할지 몰랐어요.

　그때 저쪽에서 정우가 뛰어오는 모습이 보였어요.

"아저씨, 친구 와요. 저 갈게요."

　아저씨는 슬그머니 손을 떼더니 지수를 보며 말했어요.

"예쁜 친구. 가끔 이 시간에 아저씨한테 놀러 와 주지 않을래? 아저씨가 혼자 좀 적적해서 그래. 와서 얘기도 하고 놀자꾸나. 아저씨가 맛있는 거 사줄게."

지수는 아저씨랑 둘이 있는 게 기분이 좋지 않았어요. 게다가 아저씨 손이 몸에 닿는 건 정말 싫었지요. 지수는 떨렸지만, 엄마와 연습한 대로 용기를 내어 단호한 목소리로 말했어요.

"안 돼요. 엄마가 밤에는 나가면 안 된다고 했어요."

그러자 아저씨가 잠시 멈칫하더니 지수에게 말했어요.

"그래? 그러'ㄹ 혹시 모르니까 놀러 오렴. 참, 아저씨가 얘기한 거 절대 아무한테도 얘기하면 안 된다. 알았지?"

지수는 대답하는 둥 마는 둥 하고는 뛰어나갔어요. 경비실에서 나오는 지수를 본 정우가 고개를 갸웃거리며 물었어요.

"야, 윤지수! 너 왜 거기서 나와?"

지수는 아직도 너무 무섭고 기분이 나빴어요.

"정우야, 나 그냥 집에 갈래."

"어라? 왜? 내가 늦어서? 엄마가 저녁밥마저 다 먹고 나가라고 성화를 하시잖아. 미안해."

"아니야, 나중에 얘기할게. 잘 가."

지수는 얼떨떨해 있는 정우를 두고 집으로 돌아왔어요. 엄마는 거실에서 TV를 보고 계셨어요.

"지수, 너 나갔다 온 거야? 다 저녁때? 엄마한테 얘기도 안 하고 나가면 어떻게 해!"

"죄송해요, 엄마."

그렇게 말하고는 방으로 들어와 침대에 누웠어요. 그런데 자꾸 아저씨가 한 말이 떠올랐어요. 지수는 아무래도 엄마한테 말을 해야 할 거 같았지요.

지수 말을 다 들은 엄마는 심각한 표정이 되었어요. 그러다 지수

를 꼭 안으며 말했어요.

"지수야, 정말 잘했어. 힘들 텐데 말해줘서 고맙구나. 엄마가 내일 관리사무소에 가서 의논할게. 걱정하지 마."

"그런데 엄마. 아저씨가 아무에게도 말하지 말라고 했는데, 약속을 안 지켜도 될까요?"

"그럼, 괜찮고말고. 이런 약속은 지키지 않아도 되는 나쁜 약속이란다. 이런 건 고민하지 말고 엄마한테 말하렴."

엄마의 품에서 엄마의 다정한 말을 듣고 나니 그제야 지수의 마음이 진정되었어요.

비밀이란 무엇일까요? 비밀이란 다른 사람에게는 절대 말하지 않고 우리만 알고 있자는 약속이에요. 그렇다면 모든 비밀은 절대 말하면 안 될까요? 아니에요. 아무리 비밀이라고 말을 해도 나쁜 비밀은 지키지 않아도 돼요.

특히 성폭력 같은 나쁜 행동을 한 사람이 친구들에게 "이건 너랑 나만 알고 있어야 하는 비밀이야. 절대 말하지 마."라고 하는 건 비밀이 될 수 없어요.

왜냐하면, 이건 정당한 비밀이 되지 않기 때문이에요. 비밀은 서로 지켜주기로 합의를 해야 하는데,

이런 경우는 나쁜 행동을 한 사람이 자신에게 해가 되는 것을 막기 위해 친구들에게 협박하는 것과 같기 때문이에요.

그러니 이런 비밀은 절대 지킬 필요가 없는 나쁜 비밀이랍니다.

조심조심 법칙

어떤 행동이 성폭력일까?

❶ 내 몸의 소중한 부위를 내가 원하지도 않는데 만지거나 비비는 것은 모두 성폭력이다. 소중한 부위는 수영복으로 가려지는 성기나 유방, 엉덩이, 배 등을 말한다.

❷ 소중한 부위가 아니더라도 성적으로 즐기기 위해 나를 이용하는 느낌을 받으면 성폭력이다.

❸ 난 원하지 않는데도 자기의 신체 부위를 보여주거나 만져 달라는 것도 성폭력이다.

❹ 말로 신체 부위나 성행위에 대한 기분 나쁜 농담을 하는 것도 성폭력이다.

❺ 음란물을 보여주는 것도 성폭력이다.

❻ 어린이가 동의했어도 어른이나 나이 많은 청소년이 성적인 행동을 유도하는 것은 성폭력이다.

지키지 않아도 되는 나쁜 비밀은 무엇일까요?

① 친구에게 비밀로 하고 깜짝 생일파티를 하기로 했다.
② 옆집 아저씨가 내 몸을 만지고는 비밀로 하자고 했다.
③ 친구가 좋아하는 사람을 얘기하고는 비밀로 해달라고 했다.
④ 길거리에서 넘어진 친구가 창피하다며 비밀로 해달라고 했다.
⑤ 길거리에서 낯선 아줌마가 선물을 주면서 비밀을 지키면 내일 더 큰 선물을 주겠다고 다시 오라고 했다.

why 내 몸을 만지거나 나를 위험에 빠뜨릴 수 있는 비밀은 지키지 않아도 되는 나쁜 비밀이에요. 아무리 '우리끼리 비밀이야.' 했더라도 도움을 받을 수 있는 어른께 바로 이야기해요.

정답 ②, ⑤

성폭력의 피해자가 되었을 때는

1. 침착하게 있었던 일과 가해자의 키, 인상, 몸의 생김새, 말, 행동의 특성 등을 기억해 부모님께 자세히 얘기한다.
2. 몸을 씻지 말고 보호자와 될 수 있으면 빨리 병원으로 간다.
3. 팬티나 입고 있던 옷 등 증거물이 될 수 있는 것들은 세탁하지 않고 그대로 보관했다가 경찰에 신고한다.
4. 절대 자신의 잘못 때문에 생긴 일이라는 자책감을 갖지 않는다. 나쁜 행동을 한 사람의 잘못이다.
5. 가해자가 아는 사람이거나 친척이라 해도 절대 죄책감을 갖지 않는다. 나쁜 행동을 한 사람의 잘못이다.
6. 반드시 경찰에 신고해 또 다른 피해자가 생기지 않도록 한다.
7. 전문적인 치료를 받는다.

미리미리 알아둔다면 당황하지 않을 수 있겠지!

아동 성폭력 피해자 지원 기관

상담 받는 곳이니 기억해 두자.

해바라기아동센터

여성가족부가 전문 의료기관에 위탁 운영. 만 13세 미만의 성폭력 피해 아동과 가족 성폭력 피해를 당한 지적 장애인에게 응급처치, 의료서비스, 법률지원, 심리치료 등의 원스톱 서비스를 무료로 지원한다.

홈페이지_ www.child1375.or.kr
연락처_ 02) 3274-1375 (서울센터)

여성·아동폭력피해 중앙지원단

여성아동폭력피해자 지원기관 허브 기능. 전국 여성·학교폭력 피해자 원스톱지원센터, 해바라기여성·아동센터의 거점 관리 및 관련 기관들을 네트워크로 연결한다.

홈페이지_ http://www.womannchild.or.kr
연락처_ 02) 732-7530

초판 2쇄 발행 2015년 2월 27일
초판 1쇄 발행 2013년 7월 20일

글 김은정
그림 손명자
펴낸이 정태선
기획·편집 안경란, 정애영
디자인 한민혜
마케팅 김민경

펴낸곳 파란정원
출판등록 제395-2010-000070호
주소 서울시 서대문구 통일로 367 2층
전화 02-6925-1628 | 팩스 02-723-1629
전자우편 eatingbooks@naver.com
종이 종이나무 | 인쇄 조일문화인쇄사 | 제본 경문제책사

글ⓒ 김은정 2013
ISBN 978-89-94813-47-9 73810

이 책은 저작권법에 따라 보호받는 저작물이므로 무단전재와 무단복제를 금지하며,
이 책 내용의 전부 또는 일부를 이용하려면 반드시 저작권자와 파란정원의 동의를 얻어야 합니다.
＊잘못된 책은 구입하신 서점에서 바꿔 드립니다.